그리운 아무르강

그리운 아무르강

김정학 시집

문학의전당

自序

다 떠나보낼 줄 알았다

그렇게 내 곁을 떠났듯 내 그리움도

미움도 증오도 다 떠날 줄 알았다

그러나 陽刻을 하듯

더 선명해지는 까닭은 또 무어란 말인가

차례

1부

2부

3부

4부

1부

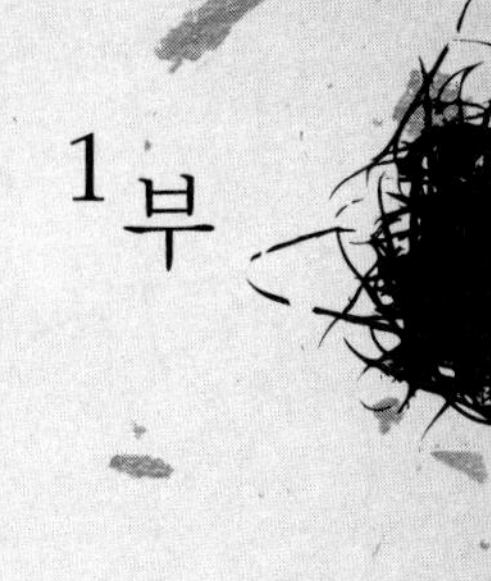

발

내가 걸어온 지상의 풍경들이
오래된 상형문자들처럼 음각되어 있다
조바심과 안타까움으로 기억되던 젊은 시간들과
무시로 어긋나던 세상,
그곳에 던지던 객기의 돌팔매들, 그 파문들이 이렇게
환하게 박혀 있다니
誤讀이 때론 새로운 길을 만든다는 말들이
소용돌이치는 지점에 이르러서 문득 나는
현기증을 일으켰는데

오히려 나를 쳐다보는 저 환한 흔적들

헛되게 에돌아 온 그간의 생이 적나라하다
지상에서 가장 가까운 곳에
은밀히 숨겨둔 과거를 들여다보노라면
보관寶冠을 머리에 얹은 듯
가끔은 정수리께가 서늘해지기도 하는 거였다

귀가

나는 우물로 귀가하네

내 집은 고요하여 때론 후미진 하늘동네 한 구석을 옮겨온 듯하다
내가 두레박을 내리는 동안 형광등이 깜박이는 동안 우물은
음독자살을 꿈꾸고 있을지도 모르네 그것을 축축해진
베개가 증명해 줄 때도 있으나 내 습한 그림자가 벽을 기어오를 때 더 분명해지네

벽을 기어오르는 그림자는 간혹 돌 틈 사이 말라비틀어진 과거와 마주치기도 하네
소리를 지르면 우우우 되돌아오기만 하던

푸른 이끼는 내가 문에 기록해둔 비밀의 문장이라네
동네를 휘돌던 바람이 어느 집 불빛 아래 잠시 머물던
감추어 두었던 웃음소리 같은 것이라네

누구도 이제는 우물 속으로 두레박을 내리지는 않는다네
저문 수심만큼 시간은 부패하고
문득문득 잊히는 기억의 편린이 두레박에 음각되고

누군가를 기다리던 간이역처럼 밤이 돌아오면 붉은 우체통부터 어두워지고
헐렁해진 거미줄 사이로 몇 개의 별이 매달리네

그럴 때면 나는 잠시 우물 밖으로 기어올라 습한 그림자를 말리네

건기가 오면 둥둥 떠 있던 시간들 우물 바닥으로 돌아가고
스스로 벽을 허물어 몸을 덮을 때

빈집

1
아이들은 알게 될 것이다
나도 다녀오겠습니다 라고 말하였었다

2
내가 돌아온 세상은 마당보다 좁았다
아무 곳에서나 뒹구는 햇빛은 적막하다

3
까르르 웃던 웃음이 물방울 같았던
어느 봄날 아이들의 시선은
대문 밖에 머물고 있었다
덩굴장미를 담장에 심어둔 것은 나였지만
꽃은 문밖에서 붉게 피어나고
아이들은 꽃을 찾아 와야 한다고 주장하였다

애야 숲 속에는 뱀이 살고 있단다 길은 어두워서 웅덩이들이 살기에는 좋다더구나 누군가를 만나면 바람의 색깔이라든지 물결의 냄새로 길을 찾아야 할지도 모르겠구나 아이야 네가 다 다른 곳에 붉은 장미가 꼭 있었으면 좋겠구나

4

꽃무늬 우비/곰 인형/주인공이 걸어 나간 동화책/고깔모자/빈 병/알림장/머리 숙인 스탠드/저음만 살아있는 피아노/붉은 티셔츠/목각인형의 눈 모두다 어디로 간 것일까

내 그림자는 목마를 태운 듯 길게 늘어나 있다 붉은 저녁이 다가오고

5

모든 길은 집 밖으로만 나 있었다*

*황지우의 「집」에서 변용

3분 동안

세월은 짧고 길었다

컵라면에 물을 붓고 기다리는 동안
나는 지금 어디로 가는 길이었나
내 꿈은 무엇이었는지 골똘하게 생각했다
밤은 깊어 지나가는 사람도 없고
불 꺼진 창마다 어둠이 뿌리를 내렸다
컵라면 속도 어두웠고
버스정거장도 어두웠다
여자아이 둘이 담뱃불을 빌리자고 했다
젓가락으로 컵 속을 휘젓자 몇 가닥 어둠이 엉켜져 올라왔다
아득하게 떨어져 갔다
내가 어디로 가던 중이었는지
생각하는 것도 귀찮아서 그저 라면만 휘휘 저었다
그러는 동안 몇 병의 소주가 공원으로 돌아가고
몇 갑의 담배가 어둠 속으로 사라졌다
뒤따르던 어둠이 몸을 뒤틀었다
거리를 비틀며 걸어가던 사내의 노랫소리가
아득하게 멀어지는 동안
도둑고양이가 내 라면을 지켜보고 있었다

3분 동안 나는 많은 생각을 하였고
통통 불은 라면을
휘청휘청 먹었다

내 하루도 많이 어두워졌다

내 잠이 서늘하다

오늘밤에는 꿈이라도 꿨으면 좋겠습니다. 별들이 뭉텅이로 쏟아지는 꿈이라도 좋겠습니다. 학교운동장에 아이들이 와글와글 떠드는 꿈이라도 좋겠습니다. 혼자 자는 잠은 늘 서늘해서 간혹 어깨가 결리기도 합니다. 외풍이 심한 내 새벽잠은 적막하여서 세상 모든 숨죽인 소리들이 내 몸을 관통합니다.

잠의 관절에서는 그렇게 스쳐간 소리들의 냄새가 납니다 그러니 푹 꿈을 꾸었으면 좋겠습니다. 몇 개의 별자리와 이야기라도 좋겠습니다.

다만 누군가 떠나고 혼자 남겨지던, 간이역의 적막만은 아니었으면 합니다.

齒痛

잠을 깨운 것은 어떤 아픔이 나를 흔들었기 때문이다
펜잘이나 끙끙거리는 비명으로도 덜어지지 않는
그 통증의 시원을 떠올려 보는데,
자반고등어!
나는 고등어 등뼈를 아작아작 깨물어 먹었지만
내가 깨물어 먹은 것은 한 가장의
비린내 나는 일상이었던 것이다
새끼들을 이끌고 떠도는 망망한 하루
그의 뒤만 바라보는 먹먹한 시선
그런 것들을 한 번쯤 벗어 던지고 싶은
고단한 새벽의 뒤척임 또는 등만 안긴 채 잠든 아내
그녀의 푸른 담배연기 같은 숨소리
그도 저도 아니면 그녀의 해진 속옷
내가 마신 소주보다 더 맑은
그녀의 등뼈

길을 지우다

내게로 뻗어있던 두 갈래 길을 오늘 지운다

그리고 한참이 흘러 다시 오늘이 되고 나는 그 길의 안부가 궁금해졌다

궁금해 하지 않던 안부를 나만 궁금해 가슴속 열어보니
두 갈래 길이 숨져 있었다

내가 네게로 가고 네가 내게로 오던 길

팽팽히 당겨졌던 고무줄의 한쪽 끝을 놓아버렸을 때

믿음이라는 것, 사랑이라는 것의, 무늬가 무엇인지 궁금하네

배신만큼이나 나를 들뜨게 하는 것이 있었을까?

담배공초 수북한 밥상 위에서
또는
등 푸른 나무에 말라가는 내 퍼런 기억을 보면서
의문만이 나를 지탱한다고

지워진 길 위에 적어두네

포구

바다는 늘 저만치서 머물다 돌아갔다
어쩌다 상륙한 물새는 지상의
누추한 시간을 쪼다가
해안선을 한 뼘씩 늘리고
바다가 머물던 자리에
폐선이 개펄에 갇혀 저물고 있다
누군가 걸어둔 밧줄이
그가 흘러온 바다에 잇대어있고
아직 썰물 때인 좌판은 적막하다
푸르고 붉은 횟집 지붕이 눈부시다
내게도 저런 날들이 있어 지리멸렬한 생이라도
느긋이 견뎌내는 것일까?
녹슨 닻을 잡고 있는 폐선처럼
나를 지탱하는 미련은
바다 어디엔가 띄워둔 부표를 기억하고 있는지

드디어 밀물이다
마른 비늘을 적시며
포구 가득 집어등을 켤 시간

길 위의 잠

밤 깊은 서울역, 둥근 잠 속으로 유실물들이 모이던 곳, 쉽게 이별하거나 적당히 유폐하기 좋은 곳이네, 물품보관소에서 가로 30센티미터 세로 30센티미터의 돌돌 말린 하루가 풀어지면 은밀히 부풀린 추억들이 나의 따스한 집이네

내가 찾던 길은 어디엔가 계단을 준비하고 푸른 신호등 켜둔 길이었네 그 길을 따라 가면, 불빛 흘러나오는 창, 지상의 따순 방 한 칸이었네 초경을 앞둔 아이의 봉긋한 젖가슴 같은 곳이네, 그 아이가 숨겨둔 설레는 사춘기 같은 곳이었네,

내 꿈은 구두 뒤꿈치가 닳아온 쪽으로 휘어 있었네 뭉툭한 구두코의 지향점이 세상의 좌표에서 한 뼘 정도 벗어나 있었고 세월은 빠르게 모습을 바꾸었네, 300만 화소나 500만 화소로 가방 속의 과거는 하루하루 깊어졌고, 흰 머리카락의 번식은 누추하였네 빈 소주병의 잠은 주소를 잊은 채 허기지네 가로등이 훑어보는 지상의 능선들이 하나 둘 사그라지면 나는 아득한 길을 떠올릴 것이네 그 길 어디엔가 멱살을 잡히듯 던져진 내 꿈은 아직 잠들지 못했네 첫 차의 기적소리는 아직 한참이나 멀었네

세상은 소주병 같네

눈도 꿈쩍 안 합니다

과천에 근 3년을 포장집에 살다가 간 사람들이 있는데요
바로 앞 C모그룹의 해고 근로자였지요
다시 일하게 해 달라고 그렇게 오랜 기간을 빌고 있었지요
길바닥 위에 포장 하나 치고 근 3년을 그랬지요
그동안 아이들은 커서 중학생은 고등학생이 되고
고등학생은 졸업했겠지요
아내들은 바로 옆 무슨 코아에서 비정규직으로 일했겠지요
그 사람들은 그래도 뉴스에나 자주 나왔지만요
누구 하나 눈도 꿈쩍 안 합디다
오늘 그곳을 지나다가 우연히 본 것이 있는데요
포장집에 그늘을 넘겨주던 은행나무가
천막이 있던 자리를 지켜주고 있던 겁니다
노란 잎을 떨구어
꼭꼭 다져진 바닥을 덮어주고 있던 겁니다
인간이란 것들은 눈도 꿈쩍 안 했는데도 말입니다

삶은 식은 육개장 국물을 안주 삼아 마시는 소주다

친구를 만나기 위해서는 꽃 대문을 열고 들어가야 한다

잠시 침묵하는 사이 이승과 저승의 경계가 환해졌다

잊었던 약속이 불쑥 떠올랐거나 미루어 두었던 일들이 가슴을 눌러 올 때
외진 길에서 부득불 그동안의 인연을 외면해야 할 때처럼
저 경계는 난감하게도 몇 줄의 메시지로 내 곁을 서성이고 있었던 것이다

돌아간다는 것도 알고 보면 화투장의 뒷패와 같은 것이라서
새로운 것으로 가장하고 있지만 진부하리만큼 이숙하였다

누군가의 죽음을 밑천으로
꽃 대문 환하게 불을 밝히듯
식은 육개장 국물에 쓴 소주를 마시는 우리의 삶도
서로 곁눈질을 하면서 순서를 바꾼다는 생각이 들면
경계環界는 비로소 희미해지고

세한도

어둑해져서야 비로소 아늑해지네 눈 위로 발자국을 찍으며 걸어간 새들의 안부가 궁금해지면 바람은 나뭇잎을 굴리고

가슴속에 허공을 새겨 넣고 몇 잔 술을 채우면 잘못 쓴 주소처럼 기억은 그리움만 재생해내고 철 지난 노래를 부르기도 하지

어둠이 형상을 이루고 인적 드문 오솔길도 스스로 저물면 그대여 그대는 사각사각 눈으로 내려 어두운 길을 덮고 나는 창가에 기대어 선다네

적막과 함께 마주 앉으면 새 한 마리 날려 보낸 나뭇가지에 걸터앉은 눈 소리만 내 창을 들여다보고

웅크리고 누워 나는 겨우 어두워지고

2부

마른 나뭇가지에 꽃이 피었습니다

한로 지나고 상강 무렵 당신 계신 곳에 찾아왔습니다 당신 아직 푸른 옷을 버리지 못하셨군요 아픈 기억이 그만큼 질기다는 뜻인가요 내가 당신을 그리워하며 살아왔듯 당신 지나온 길을 품고 계셨군요 당신 걸어온 길을 되짚어 걷다가 만난 풍경들은 너무도 낯설어서 한동안 길을 잃고 헤맸지요

사는 것도 때론 싱겁기도 하지요 봄에 피는 풀꽃들은 작년의 그 꽃이 아니고 어제 길을 가르쳐 주던 나무가 오늘은 나를 외면하듯 기억만 놓아 준다면 세상 그렇게 어려울 것도 없습니다

당신 이제 돌아가십시오 아직도 당신의 기억이 머물기에는 지상에서의 하루가 참 버겁습니다. 아버지

분홍브라에 대한 추억

봄바람이 불면 아이들의 가슴은 무럭무럭 자라났지요
누나는 이른 봄에 서울로 떠났고요
들판에는 푸른 잔디가 마구 자라났어요
잔디를 키우는 것은 따뜻한 바람 또는
은밀한 소문이었지요
잔디밭을 덮으며 자라는 쑥부쟁이나 엉겅퀴처럼
소문은 스스로 번식하고 있었지요
떠나는 사람들의 뒤에는 늘 소문이 무성했고요
우리는 그 소문을 들으며 자라났지요

누나의 편지엔
파마머리를 한 사진이 들어있었지요
아버지는 낮술을 마셨지요
우리는 그네를 타고 놀았어요
아버지가 낮술을 마신 건
따뜻한 봄바람 때문일까

의혹을 키우기에는 시간이 더 필요했지만
누나의 편지는 더 이상 오지 않았지요

누나는 어디에 살고 있을까
그네를 타고 놀고 있어요 여전히

세조에게

당신 조카의 권좌를 빼앗은 죄로 온몸에 종기가 돋았다지요

그런 당신이 더러워 길가의 소나무도 가지를 들어 올렸다지요?

그래서 불멸의 이름을 얻었고요

참 많이 행복하셨는지요?

당신의 어린 조카는

머나먼 땅에서 외로웠다지요

당신은 위대해 보입니다

요즘엔 어린 조카의 양육비를 잘라먹는 자도 있다고 합니다

더 어이없는 일이 많아 일일이 나열하기 좀 그렇습니다만 한마디로

아주 개차반입니다

그 이름들 위에 당신 이름 석 자를 올려두니

자손만대 영광 누리시길

그 흉복이 온 누리에 퍼지시길

깊은 웅덩이

나는 아직 용서하는 법을 배우지 못했다.

아주 오래된 인연이 내 정강이를 걷어찼다
새벽이었다, 아이들이 우르르 떨어졌다
내가 하고자 하는 말의 目的語는
어떠한 비유도 거느리지 못한 채 흘러갔다
나는 너무 멀리 떨어져 있으므로
내 목소리는 들리지 않고
흐득흐득 빗물이 떨어지고
웅덩이가 생겼다

친구에게 전보를 치고 돌아오는 길에
술을 마셨다 잊혀지지 않을 기억은
쌓아두어야 하는지 물어보지 않았고
누구도 대답해주지 않았다
움푹 파인 푸른 상처를 들여다보며 어떤 이가
너의 상처만 돌보라 했을 때
나는 아주 잠시지만 따뜻해졌다
사랑하는 친구는 내 전보를 받았을까
궁금하여 창밖을 내다 볼 때

아주 오래된 인연은 웅덩이 근처에서
저녁밥을 짓고 있었다
낯설게 밥물 잦는 소리가 들릴 때
내 안의 짐승 한 마리
불온한 되새김질을 시작하였다

저 깊고 날카로운 웅덩이에게 나는
다시 말을 건넬 수 있을까

金笠 2007

1

당신이 떠났던 길을 거슬러 오른다, 감자나 강냉이로 대변되던 산길에 비가 내린다 비 내리는 산은 당신의 비애처럼 적막하다.

2

아내를 잃은 사내와 함께 술을 마셨다 실직을 힘겨워하던 아내는 어느 밤 그와 그녀의 자식들 곁을 떠났다고 했다 사내는 아내를 찾아 나선 길이고 어제는 몇 군데의 노래방과 몇 군데의 찜질방과 몇 군데의 술집과 몇 군데의 도시와 몇 군데의 네온사인 아래를 떠돌았다고 했다 아내가 그립다고 하였다

3

형을 잃은 사내가 있었다 형이 돌아오길 기다리며 사내는 그곳에서 5남매를 낳아 길렀다 아이들이 커가면서 사내의 형은 아이들의 앞길을 막아선 벽으로 자라났다 자진하여 월북했다는 누군가의 증언은 족쇄가 되었고 모든 것의 시작이고 끝이었다 사내는 형을 사망처리하였다 그리고 그의 장남은 귀가하였다 푸른 여름날이었다

4

이곳은 여전히 춥구나 얘야 이젠 그만 돌아가자

둥근 유적

할머니는 중풍이었지 환갑도 못 넘긴 여자, 기댈 곳이 필요했었나 봐, 애야 자꾸 헛짚이는구나, 절름거리는 말은, 둥둥 떠 있는 할머니의 내일 같았어, 분홍색 복숭아꽃이 지고 있었지, 방안 가득 하현달 헐거운 그림자도 없었어, 젊어서도 할아버지는 부재 중이고 이따금 내동댕이쳐지던 밥상이 할머니의 귀를 기울이게 했어

초파일 연등이 한참이나 머물렀어, 둥글게 둥글게 흘러갔어, 할머니의 지팡이를 생각했지 땅에 꽂으면 푸른 싹이 돋을 것 같았거든, 몇 개의 잎은 내 손이나 어깨에 돋아 날 것 같았거든 아버지에게는 부고도 가지 않고 할머니는 중풍이었어, 우울한 가계家係도 둥글게 둥글게 유전되고,

지린내는 지워지지 않았어, 어떤 내력이 숨어있었을 거야 나는 연등을 타고 놀았지

복사 중

이곳에서의 소통은 일방적이다
관습 또는 습관적인 일상이고
불온을 꿈꾸는 날이기도 했다
내가 아는 것은 어머니에게서
물려받은 것이어서 진부하였다
누군가 그려놓은 지도에서 이탈은
폐기처분되기 쉬우므로 내 일은
어제의 답습만 허용하였다
부화를 준비하는 염색체나
따뜻했던 어떤 이의 감촉이라든지 향기는 관념이라
이곳에서는 금기이다

지금 나는 자유롭다

까맣게 그을린 내 영혼을 들여다보면
비로소
나 아닌 것들로 채워진 내가 환하게 보이는 것이다

로맨스 · 그대

한 번도 그대를 사랑한 적이 없네, 나는
그대를 사랑한다고 믿고 싶었네
그대는 눈앞에 것만 믿고 싶어 했으나
사랑이란 것은 원래 그런 것이 아니라고 생각했네
그대 실은 막차가 떠나고도 한참
나는 기차역의 고요를 더듬네
그대가 있어 나는 외로웠고
그대 떠난 후 비로소 나는 조용해졌네

사람아 그대가 누구라도, 나는
따라 갈 수 없네 어두운 기차역에서
그대 떠난 길을 놓아 주고도 한참
평행선을 그리는 시간의 뒷모습만 바라보았네
내가 바라보면 그들은 비로소 하나가 될까
궁금하였네 궁금하여서
마지막 기차가 떠난 철길 위를 걸었네
혼자 어두워서

동막리 그 사내

사내는 좌측으로 기울어져 있다
누구도 그의 과거에 대하여
주저앉은 늑골의 내력에 대해 묻지 않았다
사내의 몸에 아직도 박혀있다는 총알은
과거를 전송하는 수단이다
움푹 들어간 상처처럼 시효가 지난 과거의 일부분이다
그는 젊은 시간을 관통한
이국의 전쟁과 눈처럼 내렸다는 고엽제를 말할 때
버릇처럼 낡은 포스터를 내보였다
붉은 空包와 빽빽한 밀림을 배경으로
검은 그림자를 쫓는 군인들
사내는 아직도 그 무리에 있는 것일까
녹슨 훈장을 꺼내 보이며 허공을 바라볼 때쯤이면
사내의 눈 속에서 절뚝이며 내리던 눈물 때문인지
하늘은 절망스럽게 환했었다

동막리에는 그림자들이 빛을 빨아들이고 있다
인연이란 것도 생계와 깊은 관련이 있어
이곳에서의 과거는
녹슨 훈장 같은 거였다

봄－명쾌하다

푸른 옥수수 밭 푸른 하늘 이런 것은 없어도
봄– 명쾌하다

나는 아직, 죽기 위해 사는 사람을 본 적이 없다
겨울 지나자 산등성이 푸르러지듯
나는 아직 죽지 못해 사는 사람을 본 적이 없다.

언 땅에 귀대고 살아야만 했던 때가 있었다.
죽기를 거부하는 법이 세상에 존재한다는 것을 나는 믿었다
아이들은 습관적으로 둥근 껍질 속으로 들어갔다
아내는 아이들의 껍질이 되고

나는 내 둥근 묘혈 위에 나를 적어 둔다

내가 떨어져 나온 꽃대궁 옆에
아내는 둥근 집을 지었다

봄이 되기를 기다리며
쉽게 떠나간 사람들에 대하여 생각한다
그들의 소원, 그들의 신념 이런 아주 사소한 것들

내가 진 등짐은 너무 형편없다고
떠도는 사람들에게 물어볼 엄두도 안 난다

나는 죽을 수 없었으므로 아내의 둥근 집 근처를 떠날 수도 없었다

언 땅 위에 귀를 대고 있을 때
씨앗들이 얼면서 하늘 귀퉁이에
떡갈나무 뿌리에 둥근 포도밭 언저리를 돌아다니며
땀에 젖은 손을 내미는 것을 나는 비로소 본 적이 있다

사소하게 울다

울고 싶었어
세상은 내 뜻과 같지 않고 사랑했던 사람은 당신을 오해했어요 라며 떠났다
내 앞에 던져진 것은 내가 그에게 내밀려던 나의 고단한 하루
조금만 도와주세요 라던 그 하루가 남아있고
덤으로 그의 오해까지도 이젠 내 몫이 되었다
울고 싶었어
그러나 내가 왜 울어야 하는지
딱 한 번만 물어보고 싶어

초상집에 다녀오다가 혼자 운 적이 있다
망자가 그리워서도 그렇게 끝나는 한 인간, 인간의 삶이 안타까워서도
당연한 죽음조차도 준비하여 두지 못한 그 황당함이 어이없어서도 아니었다
그러니까 발인이 내일인가 우리가 망자에 대하여 나눈 대화는 그 정도였으니까
고스톱을 치면서 꾸역꾸역 먹어댄 수육에 체하여 고속도로에 엎드려 꾸역꾸역 토하면서

찔끔찔끔 눈물을 흘린 적이 있다

그래 지금 다시 울고 싶어진다
어차피 나 혼자였으니까 별일도 아니겠지만
한 번쯤 물어보고 싶어

그대, 이따금 눈물 흘리는지

효녀 심청에게

그때 우리는 조또 씨바와 함께 놀았지요

하늘에는 별이 없구요 아빠가 읽던 하이틴 문고판 세계명작은 낡았었거든요 학교에서는 열씨미 사는 법을 가르쳐주지 않았어요 우리는 스스로 씨바와 조또를 배워야 했어요 아이가 아이를 낳고 엄마는 또 다른 동생을 몰래 버리고 왔지요

예쁜 옷과 날씬한 몸만이 우리를 구원해주었어요 공양미 삼백석은 우리에겐 필요한 물건이 아니었죠 아빠들은 눈이 없었고 우리도 그런 전설을 믿을 나이는 지나있었죠 아이가 아이를 낳고 그 아이가 또 아이를 낳아도 전혀 새삼스럽지도 않았어요 엄마는 또 다른 엄마의 아이를 잉태하고 우린 그 아이의 미래 따위는 궁금하지 않았어요

아 씨바 조또 왜 하늘에는 별이 없는 걸까요? 아빠가 아직 세상을 보고 있을 때는 하늘에는 별이 많아서 길을 비춰주기도 하고 노래를 불러주었다고 했거든요 별 이야기는 사람들의 가슴을 키워주었다고 해요 엄마의 아이들이 사는 세상에 엄마는 무슨 이야기를 들려줄까요?

우리를 키워주는 것은 이제 다락방이 아니에요 아빠

3부

저기 황사 바람이

아무르강의 노을은 낮게 뜬
낮달 때문에 슬픈 거라고, 그렇게 보인다고
말했을 때 슬픈 것이 노을인지 낮달인지
아니면 아무르강을 건너 온
룸 클럽 노래빠의 경숙인지, 그녀의 노래인지
그녀가 꺼내 보이던 아무르강변의
개여뀌 엉겅퀴 말라비틀어진
시간들인지 모호해서 너무 모호해서
눈 속에 고인 아무르강을 들여다보는데
노을도 없고 낮달도 없는 눈 속
텅 빈 속으로 나는 들어서는데
네온등 켜진 눈 속은 사막이어서
김수희의 노래처럼 자꾸 흐느적흐느적
부서져 내리는데 쌓이는데 그저
스러지기 위하여 쌓이는 모래 언덕
잡초 한 포기 없는데 부연 눈 속
모래 빛 노을 가득한데
대낮인데도 뿌옇게 흐르는 울음

그리운 아무르강

그녀 경숙이 떠났다

나와 닮은 그녀 나만 닮은 그녀 내 어머니같이 푸른 그녀 내 어머니의 한숨처럼
서럽던 그녀 작은 그녀 노래하던 그녀 웃을 땐 볼우물 깊던 그녀

나는 어찌 살아야 하느냐고 물어보면

불쑥

초식동물처럼 고개를 숙이고 먼 고향의 전설을 이야기하던 사람이 있었다
자란 곳은
강원도 영월이거나, 탄광촌이거나, 황지 연못가 또는 아비의 노름방 근처
심술궂은 이복동생 동강다리 위 추웠고 서러웠던
기억들은 화상의 흔적으로 키우고 간혹 엄마 하며 울던 그런 사람이 있었다

그녀가 떠났다

그녀 몸속에 흐르던 유목민의 유전자는 그녀를 내게로 보내와 아이 둘을 낳고
새로운 집을 지었었다 나는 노름꾼도 술주정뱅이도 아니었고 그저 아이들이 살아갈 목초지를 가꾸기만 하였다
아이들은 엄마를 따라나섰고

어디로 가느냐고 물어보지 않았다

검은 스타킹

나는 여자를 만나면 다리를 만지고 싶어진다
그러나 애인들은 미래라든지 과거라든지
유행가에 대하여 그 촌스러움에 대하여 말하고 싶어 했다
과거는 아직 오지 않았고
미래는 늘 저만치에 머물러 있다고
지금은 당신의 다리만 중요하다고 말하면
당신 성급하군요 또르르 웃으면서
검은 스타킹이 말한다

내가 스타킹이 싫다고 한 적 있었나요?

그렇게 물으면서 창밖으로
낡아 빠진 옷들이 걸어갔다
미끌미끌한 길을 흔적도 없이 걸어갔다

따뜻한 밥

어머니는
콩 섞인 강냉이로 밥상을 차렸지
찌그러진 감자가 버티고 앉은 밥상
서로 눈치 보기에 익숙한 식구들이 모여
둥근 밥상을 만들었지 내일은
월사금 내는 날
동생은 오물오물 돌멩이를 골라내고
댕기머리 누이는 자꾸 아버지 밥그릇을 넘어보았어
내일은 진짜 월사금을 내야 하는데
호롱불이 간혹 흔들렸어
아버지 그림자는 벽에서부터
길게 길을 내며 내려왔어 느리게, 어둡게
어느 밀교도들의 집회 같았어 헛기침 같았어
느리게 더디게 아버지의 숟가락이 누우면
딱 세 숟가락 정도 남겨지던
보리밥

목련꽃 그늘 아래를 지나다

내 꿈은 몽우리로만 남아있었지 아직
봄날이었거든
가슴 근처에서 나비들이 날기도 했어,
하루에도 몇 뼘씩 자라는 가슴을
눈치채지 못했어,
어서 눈을 떠
나비들이 가슴 근처를 기웃거렸어 바람은 따뜻했지
아 따뜻한 바람

꽃으로 피우기엔 밤이 적당했을 거야
나와 놀아주던 풍경들이 붉은 얼굴을 숙이고
꽃잎 몇 개가 떨어지고 있었거든
달빛 때문이었어, 내 꿈은 비로소
明. 白. 해. 지. 고

아주 잠깐이었지 봄은
사랑도 순간이었고 소녀에서
여인으로 통하는 길은
꽃잎이 떨어져 내리는 순간보다
짧았다고 기억해

목련꽃 그늘 아래를 지나면
하얀 꽃 그늘이 내 등 뒤에 머무는 것을 느낄 때가 있었다
하드득 하드득 목련꽃 피고 나면
젖몽우리가 아프기도 하였다
불안한 봄이었다

觀音寺 오르는 길

세상에, 소리를 볼 수 있다면
그대의 마음도 볼 수 있을 것입니다.

그대 커다란 바위로 계셨군요
나를 기다리는 동안 당신 소나무를 키우고
바람과 내통하고
뿌리는 더 깊게 내리셨을 테고요
산문을 내려서던 독경소리 잡아다
어느 미물의 가슴에 화엄의 세계라도 이루셨는지요
당신과 소통하기 위해서는 당신의 언어를
당신의 가계를 외우고 있어야 하는지요
당신을 읽다가 해가 다 집니다
거기 계시는 것이 당신이구요
여기에는 내가 있습니다
그대와 나 사이에는 여전히
불립문자만 존재합니다

순환

섹스가 끝나고
변기에 앉아 나는 똥을 누었다.
어디선가 좌르르 물 흐르는 소리가 들리고
한참
동이 튼다

부재 중

주말에는
전화하지 마세요
가족이 모이거든요 남편과 아이 셋이서 노래를 듣기도 해요
때로는 야외식당에서 삼겹살을 구워 먹기도 하죠
낯선 척 노래방도 가구요 아이는 보증서 같은 거죠
누구도 나를 바라보지 않아요 하품이 나오면 마구 웃죠
삼다도횟집 앞을 지나거나
백악관나이트 앞을 지날 때면 너무 익숙해서
길이 꼬이기도 하죠 남편이 횡단보도 앞에서면
저쪽의 길들이 고개를 돌려주기도 하죠
보통 핸드폰은 꺼져 있어요
아이는 삼겹살이 싫다고 말하고
노래방은 어둡다고 말하죠
아이는 지나온 길을 돌아보는 습성이 있지요
간판들 사이로 어두워오는 하늘을 찾아내기도 해요
아이의 눈에는 어떤 풍경도
담지를 못해요 아이는 다행이도 아직 어리니까요
그러나 기억할 거예요
어느 날
낯선 이름이 숨어 있는
부재 중 전화 목록을 살펴볼 나이가 되면요

혼자 먹는 밥

몹시도 배가 고파 작은 식당엘 갔더랬습니다
주인은 TV를 보고 나는 구석에 자리를 잡았습니다
김치찌개인가 부대찌개인가를 시켰더랬습니다
주인은 TV를 보면서 밥을 날라줬습니다
TV에서는 사랑과 전쟁인가 뭔가를 하고 있었는데요
나는 밥을 먹으면서 저들의 싸움을 생각해 봤습니다
그러는 사이 찌개는 식고 창밖에는 비가 내리는 거였습니다
주인은 간판 불을 끄고 거리는 가로등만 환했습니다
숟가락은 찌개 속에 담가 두고
반쯤 남은 밥그릇을 들여다보다
문득 허기가 밀려와 남은 밥을 꾸역꾸역 먹었습니다
두 번인가 세 번인가
밥을 삼키려고
물을 마셨던 것 같아요

비에 젖은 길에는 사람도 없고 내 그림자만 길게 젖고 있었습니다

얌전한 고양이

검거나 윤기 나는 털을 가진 어떤 날
골목길이 나를 부르고 있었어요
골목은 아늑하여서 눕기에 참 좋았지요
굳이 꽃으로 장식하지 않은 칙칙한
침대라도 있었으면 했지만요 그것도 사실
필요하지는 않았을 거예요
생각해 보세요 뭐가 더 필요하겠어요?
누군가의 등이 활처럼 굽었다거나
슬픈 울음소리가 났다거나 멀리서
귀가하던 어떤 가장의 가쁜 숨소리
그런 것들도 골목에서는 네온 불빛보다 흔한 현상이라서
놀라지 않았으면 해요 라고 골목길이 말해줬어요 친절했지요
누군가 우리를 들여다보면 어쩌나요
아니에요 그저 우린 걸어가면 되요 다정하게 팔이라도 낄까요?
누구도 우리의 태생에 대하여 우리의 家系에 대하여 궁금해하지 않아요
어쩌다 우린 이곳에 왔고 여기가 우리의 잠자리거든요
내일이나 아니면 그 다음날 우리를 버린 사람이 지나가다

혹시 아는 체하면 우린 더 검어지거나 윤기 나는 털을 골라 주면 되요

보세요 저기 또 누군가가 우리를 찾고 있네요

손을 베다

마지막 남은 담배를 피우듯
밀려가는 썰물에 돌을 던지듯
오래된 카세트라디오 주파수를 맞추듯

과일을 깎다가 앗차! 손을 베었다 그날도 그랬던 것 같다 나는 그저 일상에 머물러 차츰 수위를 높여 오는 바다를 인식하지 못했다 물이 목까지 차올라서야 아차 이미 늦었다 나는 그렇게 그리워하던 바다에서 익사하였다 물속으로 서서히 가라앉으면서 우습게도 그리운 사람을 생각하였다

나를 구하러 뛰어들지 마

내 유일한 사랑은 약해서 과일만 먹었다

가족을 멀리 보내고 혼자 사는 사내를 나는 알고 있다 그의 홈페이지에는 잘 깎아 놓은 과일접시가 한동안 올라 있었다 사내는 말했다 그냥 가족들과 함께 먹던 생각이 나서요
그 말을 듣고 문득 바다에 익사하던 그때가 떠올랐다

익숙하지 못하기 때문에 나는 살아가고 있다 그렇게 믿고 있다

그대여 혹시 내가 물 위로 떠오르면 내 손의 상처를 살펴보기를 권하네
빗금으로 그어진 그리움들

앗차 손을 베었다

붉은 입술

당신의 입술이 너무 붉어서 두려워요
당신의 입속으로 흘러 들어가는 풀죽은 시간을 보면
당신의 미래는 도저히 점쳐지질 않고요
거울에 비친 당신 얼굴이 일그러질 때 나는 비로소 생기를 얻죠
당신은 늘 새로운 체위를 요구하지만
표정은 늘 같고 입술은 붉죠
익숙해서 좋은 것이 세상엔 참 많지요
당신도 그 중 하나라면
당신은 그림자를 보여줄 거예요
당신의 뒷모습은 붉은 입술을 지우며 반짝일 거예요
붉은 오후가 지나가는 것을
당신 반짝이는 입술이 말해줄 거예요

타인의 경계를 이루는 당신의 그림자
겨우 길어졌어요

4부

風化

어제 걸터앉아 쉬던 바위가
오늘
이만큼 얇아졌다

산맥 하나 너끈히 메고 있는 어깨

내 안에서 달아난 세월도 고스란히 깎여나갔다

가벼워지는 집

봉천동 산 53번지
밤새 쿨럭이던 환약들이 쏟아진다
밤늦은 귀가를 지켜보던
마을버스노선도 위엔 청테이프 붙여지고
붉은 녹물 껴입은 함석문이며
푸르거나 붉었던 지붕들이 빛바랜 몸을 내려놓는다
남자는 가로등에 기대어
기간이 훌쩍 지난 철거통지서를 읽고 있다
몇 번을 읽고 또 읽었을 다음의 행선지, 아득하다
자주 미끄러지던 길 위로 눈이 쌓인다
잠시 잘못 든 길이라 목울대를 울리던 언덕길
저 길을 따라 울었거나 웃었던 날들이
남자의 등을 굽게 만들고
지하방에 고이던 벌레 소리를 퍼 올렸을 것이다
막다른 골목길에도 눈이 덮이고 있다
아직 떠나지 않은 집 창으로 기어이
어둠이 몰려든다
습관처럼 마을버스는 정류장을 흘깃거리다
다음 정류장으로 떠났다
남자의 흰 머리카락이 눈 속으로 스며들고

굽은 등이 부표처럼 잠시 출렁였다

저녁에

다 저녁이 되서야 문득 낮에 남기고 온
칼국수가 생각나는 거였다
누군가의 연애와
누군가의 자식자랑을 힐끗 힐끗 엿들으며
익어가던 버섯칼국수 한 종지
배부르다고 남겨두고 온
그것이 자꾸 생각나는 거였다
냄비 속에서 달그락거리며 마주치던
숟가락이 궁금한 거였다
참 면목도 없다
지나고 나면 다 이렇게 그리운 것을
배부르다고 퍼다 버린
내 일상들 내세울 것 없는
그런 것들이 내게는 얼마나 있었을까
내 곁에 머물던 시선
어느 어깨에 기대어 잠들었던 푸른 날
종이컵에 담겨 온 커피
그렇게 툭툭 어깨를 부딪쳐오던
인연들이 얼마나 있었을까

내 발길에 채인 생채기를 지우지 못하고
칼국수 냄비에 숟가락을 달그락거리는 사람은
이제 그만 나를 잊었는지

盜敵

누군가 내 담을 넘었다

그는 이미 오래전 내 담을 넘나들고 있었다.
빛바랜 일기장이 그것을 증명해 주었다
일기장에는 찬바람이 불어 왔다 라고 적혀 있었다
젊은 친구가 죽고 우리는 술을 마셨다
하늘은 맑았다
비가 오지 않는 수요일이 계속되었다
친구에게 돈을 빌리러 가면서 서너 개의 고개를 넘었다
찢어진 청바지를 입은 소녀를 만났다
유부녀와 저녁을 먹었다
나를 데려다 주는 것은 늘
끝부분이 휘어 있는 골목길이었고
몇몇 사람들이 스쳐가곤 했다
숙취의 유곽을 서성이며
눈이 내려주기를 바라기도 했다
라고
쓰여 있었다

어두워지면 나는 또다시 불안하다

창문으로 어둠이 꾸역꾸역 흘러드는 것을
방 안 가득 고이는 것을 보면 내가 잃어버린 것이
무엇인지조차 모르는 그 막막함이
내 목젖을 들여다보곤 하는 거였다

섬

애초에 파도 같은 것은 있지도 않았다
한 해에 한 번씩 해당화 피고
, , ,
, , ,
지고

불닭

맵습니다.

다들 절레절레 고개를 흔드는데 쭈뼛거리며 한 조각을 끌어당겼지요

누가 저 주인의 가슴에 저렇게 매운맛을 심어 줬을까

그는 무슨 억하심정으로 그 매운맛을 닭고기에 쏟아 부었을까

그런 원망스런 마음만 흘러내리데요

그러고 보니 물러 터져 뭣 하나 제대로 하는 게 없다던 어머니 말씀이나, 그럼 그렇지 당신 주변머리에 무슨… 가슴 한가운데를 콕콕 찌르던 아내의 말이 생각나는군요. 세상에서 나와 가장 가까운 두 여자의 말이니 크게 틀리지는 않을 겁니다.

"야 너를 먹어 주면 사내대장부답게 한 세상 맵게 살 수 있나?"

눈물이 찔끔 흐르데요

수박

수박 겉을 핥는다고 하길래
수박은 잘라서 속을 파먹는 것
잘게 썰어 화채를 만들어 먹는 것
식구들끼리 오순도순
찰지게 모여 앉아 하늘의 별 이야기나
오래전 대처로 떠난 삼촌의 안부가 궁금한
할아버지의 긴 한숨 뭐 그런 것
그런데 겉을 핥는다니
뭐 그런 사람이 있기는 하나보다
생각하다가
아뿔싸
돌아보니 내 모든 것이 그랬다
알맹이는 없고
겉만 두루뭉실 핥는
도대체 모르는 것도 없고 아는 것도 없는
듣기 좋은 말 한두 마디면
덤벙덤벙 쫓아가다가 어디에선가 잃은 길들
그러다가도 누군가의 서운한 한마디에
발끈하여 밤잠만 설치며
나이만 슬금슬금 먹어치운

수박 너를 보면 나는 내 속이
문득 궁금해진다

흔적

어머니의 직장은 가락시장이었다
동강도 비켜 흐르던 강원도
막다른 촌에서 농사만 짓던 어머니는
집안 다 들어먹고 돌아가신 아버지 덕분에
양파를 까며 우리를 길렀다
농사일보다는 무지 편하다고
첫 차를 탔고, 막차로 돌아오셨다
지하 단칸방에 짙게 고이던 양파 냄새가 싫어서
나는 양파가 들어간 음식은 먹지 않았다
이제 그 어머니 무릎 관절이 다 닳아서
절름절름 걸으신다
아직도 어머니는 양파 까는 것만큼은 당신이 최고란다
진정한 고수는 흔적을 남기는 법이 없다지만
어머니 뒷모습에서는 매운 양파 냄새가 난다

지워도 지워지지 않는 흔적은 있게 마련이다

기러기

이국의 밤은 깊어서 나는 다시 쓸쓸하다
내가 흘러온 별은 어딜까 궁금하여
손바닥을 들여다보면
낯선 풍경처럼 나도 저물어서 어디 쉴 곳을 찾는다.
등 기댈 곳이 있기는 했던가.
정해진 좌표를 항해하는 운명도
손으로 쥐면 바스락 부서질 것 같아서
뿔뿔이 흩어져 별이 될 것 같아서
밤하늘을 떠도는 유성이 될 것 같아서
밤거리를 걸으며 당신과의 미래를 생각한다.
그래서 우리가 어디론가 흘러가 서로 잊혀진다면
서로 잊혀져 다시는 기억조차 할 수 없다면
우리는 비로소 행복해질까
라고 물어보면 그대는 떠돌던 길마저 던져버리고
되돌아 설 수 있을지

이 밤 그대와의 저녁은 풍족하였다
12월 눈 내리지 않는 남국의 크리스마스트리 아래를 걸으며
두고 온 곳의 안부가 문득 궁금해지고
기어이 몇 개의 유성이 새벽하늘을 지우며 사라졌다

나를 부탁해

손목을 그어버린다거나 수면제를 삼킨다고 해결될 문제는 아니란 것만 알아줬으면 좋겠어 나는 의심해 본 적이 없었어 내가 살아 있다는 것을

그러나 이젠 모든 것이 확연해졌어 나는 속고 있었던 거야 매일 떠오르는 붉은 태양에게 내 옆에서 웃고 있던 늙은 암코양이에게

죽는 것도 허무한 것이라고
사는 것만큼 허무한 것이라고 말해준 것은
길 위에 뒹굴던 아이의 신발이었네
신발이 가리키는 곳에 스며들던
붉은 얼룩이었네
배고픔에 지쳐 죽어간 아이었네
그가 간절하게 기다리던 포만이었네
혼자 죽어간 노파의 외로움이었네
그녀 곁에 켜켜이 쌓인 고독한 시간들이었네

한때 나는 노을 진 바닷가 외진 역에서 누군가를 기다려 본 적 있었네

하도 오래전 일이라 내가 기다리던 사람을 만났는지는 기억하지 못하네

저 노을마저 지고 나면 어두워질 것이라는 생각에 나는 두려웠었네

기차를 타고 올 사람을 기다렸는지 내가 타고 떠날 기차를 기다렸는지는 중요하지 않으므로 굳이 말하지 않겠네

다만 그 노을 속으로 걸어 들어가는 내 뒷모습 때문에 나는 울었다고 기억하네
그리워서 울었다고

간혹 길들은 나를 가로등 환한 거리로 데려다 주곤 하지
가로등 아래 서 있노라면 내 그림자는 혼자 흔들리며 자꾸 희미해지곤 하지
희미해지다 희미해지다 슬며시 나를 버리고
보도블록 사이로 스며들곤 하지

나는 목련의 색을 기억하지 못 한다

내 기억은 자유롭다

봄마다 피는 목련은 이제 새롭지 않다 자라지 않는 시간은 아버지를 두렵게 하였다 봄마다 피는 목련은 아버지의 희망이었다

누군가를 사랑해 본 적이 있었다 그의 손은 촉촉하였다 그것이 그의 눈 때문이라는 생각을 하였다 우리도 아이를 낳을 수 있을까 어둠이 아이를 만든다고 믿었던 우리는 어두운 곳을 찾았다 어른들이 우리를 찾지 못했으므로 우리는 금방 우리를 닮은 아이를 얻을 수 있을 것이라고 믿었다

목련꽃 그늘은 늘 어두워서 우리가 눕기에는 적당했다

한때 나는 자라고 있다고 생각했다 자라다보면 세월이란 것도 술 취한 기억처럼 한 번쯤은 잊을 수 있다고 믿었던 때가 있었다. 시간은 엉터리같이 흘러가고 어둠만을 기억하는 내 머릿속엔 목련이 피지 않았다 아이들은 어른의 시간을 지우며 자랐고 가문 봄이 계속되었다

아버지를 다시 만난다면 나는 무슨 말을 해야 할까 푹 썩지도 못한 내 입에선 몇 마리의 뱀이 살고 있어 아버지의 어깨 밑을 더듬을지도 몰라 거기에 감춰둔 지독히 어두운 몇 장의 사진을 꺼내들지도 몰라 그러면 기억하나 썩히지 않은 아버지는 말하겠지

애야 아직도 지상에는 목련이 피느냐?

잠

또 잠이 깨었다 벌써 몇 번째인지

내 잠은 별들의 운행에 맞추어져 있다
내 잠의 머리는 북극성 너머 남극성 너머
먼 이국의 어떤 별에 맞추어져 있다
그 별이 깜박깜박 신호를 보내오면
나는 어쩔 수 없이 잠에서 깨어야 한다
사랑하는 나의 별은
오늘 밤에도 잠을 못 이루고 있는가 보다
떠나온 곳이 그리워 몸을 뒤척이고 있나 보다
사랑하는 사람들은 함께 살아야 한다고
된장찌개 냄새 폴폴 풍기며
얼가리 쌈 나누며 함께 살아야 한다고
땀 닦아주며 등 두드려 주며

어느 것이 더 귀한 것인지 아직 나는 모른다

지금은 그저 귀향을 꿈꾸며
잠에 빠지는 것
어머니가 지어주신 새벽밥 먹고 싶은 것

시래깃국에 밥 말아서
졸리게 졸리게 먹고 싶은 것

피안

도살장으로 걸어 들어가는 암소의 검은 눈을 본 적이 있다

푸르고 깊어서 나를 끌어당길 것만 같았던
계곡의 작은 소岩沼
붉은 단풍 몇 잎 떠 있고 겨우 비집고 들어온
햇살 고스란히 튕겨내던 한적한 오후

그런 오후에
검은 눈을 하고
뒤 한번 돌아보지 않고
도살장으로 걸어 들어가던 암소의 검은 눈 속

● 해설 ●

낭만과 그리움의 프리즘을 통과한 시편들

-김정학의 시론

문정영(시인)

불혹을 훨씬 넘은 나이에 시인이 된 물빛 닮은 사내를 안다. 그가 가진 무뚝뚝한 표정 뒤에 숨어 있는 다정함이 그 사내의 내면이라는 것을 눈치 채기는 쉽지가 않다. 그런 그가 어느 날 시집을 내겠다고 연락이 왔다. 바람이 차가워지는 늦가을날이었다. 문득 그가 처음 시를 배우고, 삶의 수레바퀴에 자주 밟혀서 아파하던 때가 생각이 났다. 다리를 다치고 가게가 화재로 전소되고 그런 와중에 그는 또 등단을 하였다. 그가 시산맥에서 시산맥상을 받고 그의 시가 무르익어가던 날이었다.

'우물로 귀가하' 는 그를 '비밀의 문장' 으로 들여다보면 그의 시는 '축축해진' 삶이었으며, 또 그의 그런 삶은 '습한 그림자를 말리' 는 시가 되었던 것이다. 그런 느낌은 그의 시 한 편 한 편을 읽어가면서 가난한 물결처럼 끊임없이 다가왔다.

그가 지치고 힘들 때, 멀리 타국에 있는 가족은 그의 시의 바랑이었다. 그는 그 바랑을 짊어지고 '기러기' 가 되어 날아다녔다. 그의 시집 2부와 3부뿐 아니라 곳곳에 묻어있는 가족에 대한 그리움은 슬픈 연애사처럼 점점 확대되어 점층을 이룬다.

"물러 터져 뭣 하나 제대로 하는 게 없다던 어머니 말씀이나" "당신 주변머리에 무슨… 가슴 한가운데를 콕콕 찌르던 아내의 말"처럼 그는 생각보다 주변머리가 없다. 밖으로는 보이는 남성상은 그의 시 안에서 종종 '눈물' 로 '외로움' 으로 치환되어 여성성을 드러내기도 한다. 그가 시인이 된 연유일 것이다.

그가 하는 일 때문에 근래 〈간〉이 안 좋다는 이야기를 들었다. 가족에 대한 그리움과 혼자라는 외로움이 지독하게 그의 몸에 상처를 남기고 있다고 본다. 언젠가 다시 돌아올 가족을 위하여 몸 생각을 했으면 좋겠다.

이런 난관을 통과하여 시집 한 권을 김정학이라는 이름으로 세상에 내보낸 것에 대하여 진심으로 축하를 한다. 지난한 시간들이 첫 페이지부터 마지막 페이지까지 걸어가고 있는 그만의 시집이다.

김정학은 그리움의 시인이다. 그가 이 첫 시집에서 노래하는 주된 정서는 그리움이라고 요약할 수 있다. 그 그리움의 흔적은 시집을 펼치면 곳곳에 물컹하게 배어있다. 그리움을 노래하지 않은 시인이 있을까마는, 그가 노래하는 그리움의 프리즘은 과거-현재-미래로까지 그 파장을 넓게 펼쳐놓고 있다. 그가 그리는 그리움의 대상은 1차적으로는 자신을 둘러싼 환경 전반에, 2차적으로는 자신과 존재의 문제로 향하고 있다. 그 그리움의 실체는 표층적으로는 낭만의 형식을 빌려 노래하고 있지만, 심층적으로는 시인의 자의식과 맞닿아 있다. 그것은 앞으로 그의 시가 지향하는 방향을 암시하는 것으로 보이기에 주목할 필요가 있다.

그런데 그는 왜 그다지 그리움에 집착하고 있을까, 그것은 그가 自序에서도 밝히고 있듯이 "다 떠나보낼 줄 알았지만,,,,, 더 선명해지는"데에 있다. 인간은 얼마나 무능력한 동물인가, 떠나보낸다고 뇌리에서 다 떠나는 것 아니고, 떠나보내지 않는다고 남아 있는 것, 그것이 그리움의 못된(?) 속성이 아니던가. 그리움이란 그런 것이다. 마음속에서 단호하게 밀어냈다고 생각하지만 다시 마음속으로 너울너울 들이밀고 쳐들어오는 것, 그 '어쩔 수 없음을' 김정학 시인은 껴안는다. 결국 그 떨쳐버릴 수 없는 그리움이 시를 쓰게 만들었을 것이다. 마침내 뿌리칠 수 없어서 그리움과 동고동락하는 김정학 시인, 그래서일까, 그의 시 전반에는 그의 삶을 친절하게 대변하는 자전적 화자가 자주 등장한다. 시를 읽다보면 그의 삶도 시와 별반 다르지 않을 것임을 짐작하게 된다. 어느 삽삽한 저녁 그의 마주 앉아 소주잔을 기울이다보면 꾹 다물고 있던 그의 속내를 '울컥'

쏟아낼 것만 같다. 그의 물기 많은 그리움의 외피를 한 겹 두 겹 벗겨 보자.

1. 가족, 그 근원적인 그리움의 파장

김정학이 쓰는 대부분의 시는 그리움이라는 프리즘을 통과한다. 그 그리움의 양상들은 감정이 고양되어 나타나는 작품들이 대부분이다. 그 중에서 가장 감정을 직접적으로 노출하고 있는 작품들은 가족에 대한 그리움에서 주로 나타난다. 아내, 자식, 부모로 이어지는 삼파장三波長의 시편들은 형식이 대개 평범하지만 읽다보면 코끝이 찡하게 된다. 그의 피가 얼마나 따스한지 알게 된다. 한 아내의 남편으로서, 아버지로서, 자식으로서 그가 얼마나 가족을 마음 깊이 그리워하고 있는 지 보인다. 현란한 기교도 형식도 없이 쓰인 그의 시가 읽는 이의 마음을 잔잔하게 움직이게 만드는 것은 그의 시가 보편적인 인간의 심성에 닿아 있기 때문이다. 진정한 마음이 담긴 시는 기교가 없어도 마음을 적시는 것이다. 서두에서도 밝혔듯이 그의 아내와 아이들은 2년 전 필리핀으로 유학을 떠났다. 소위 기러기 아빠가 되어 홀로 사는 2년 간의 세월은 그에게 있어서 '가족=그리움' 이란 등식을 뼈저리게 느끼게 만들었을 것이다. 외롭고도 외로운 어느 날 밤 그는 외로움을 직조하여 다음 시를 썼을 것이다.

그녀 경숙이 떠났다

나와 닮은 그녀 나만 닮은 그녀 내 어머니 같이 푸른 그녀 내 어머니의 한숨처럼

서럽던 그녀 작은 그녀 노래하던 그녀 웃을 땐 볼우물 깊던 그녀

나는 어찌 살아야 하느냐고 물어보면

불쑥

초식동물처럼 고개를 숙이고 먼 고향의 전설을 이야기하던 사람이 있었다

자란 곳은

강원도 영월이거나, 탄광촌이거나, 황지 연못가 또는 아비의 노름방 근처

심술궂은 이복동생 동강다리 위 추웠고 서러웠던

기억들은 화상의 흔적으로 키우고 간혹 엄마 하며 울던 그런 사람이 있었다

그녀가 떠났다

그녀 몸속에 흐르던 유목민의 유전자는 그녀를 내게로 보내와 아이 둘을 낳고

새로운 집을 지었었다 나는 노름꾼도 술주정뱅이도 아니었고 그저 아이들이 살아갈 목초지를 가꾸기만 하였다
아이들은 엄마를 따라나섰고

어디로 가느냐 고 물어보지 않았다

—「그리운 아무르강」 전문

「그리운 아무르강」은 시의 전개나 구성이 조금은 미숙해 보여 완성도에서는 다소 떨어지는 작품이지만 시인의 현실적인 상황을 잘 보여주는 작품이라 하겠다. 아내의 이름이라 짐작할 만한 이름, '경숙' 이란 실명이 직접 거론되어 당황스럽기도 하지만, 다음 연에서 시적 화자는 없는 그녀에 대한 애틋한 회상에 빠진다. "나와 닮은 그녀 나만 닮은 그녀 내 어머니 같이 푸른 그녀 내 어머니의 한숨처럼/서럽던 그녀 작은 그녀 노래하던 그녀 웃을 땐 볼우물 깊던 그녀가 나를 떠났음을 담담하게 회상하고 있다.

그러나 하반부에 오면 "나는 노름꾼도 술주정뱅이도 아니었고 그저 아이들이 살아갈 목초지를 가꾸기만 하였"는데 "나를 떠났음"에 대하여 야속한 속내를 드러내고 만다. 마침내 그리움과 애증의 복합적인 감정은 "어디로 가느냐고 물어보지도 않았"다고 끝내는 서러움의 마침표를 찍는다. 아무르강은 러시아와 중국 사이에 흐르는 강이다. 지도상으로 보아 그녀가 간 필리핀과 그다지 인접 지역에 흐르는 강도 아니다. 그런데 왜 하필 '아무르강' 일까. 그건 그다지 중요하지가 않다.

아무 강, 아무런 지명이 무슨 상관인가. 그녀가 떠난 후, 그녀가 있던 장소나 그녀가 가서 있는 곳, 모두가 그리움의 장소로 바뀌져 버렸다. 그런 의미에서 '아무'와 '무르'는 비슷한 음가音價의 동음효과를 유발시키고 있다. '아무'란 부사어는 '아무→아무르→아무르강'으로 이어지면서 절묘한 조화를 이루어 내고 있다. 「그리운 아무르강」과 비슷한 정서로 쓰인 또 다른 작품으로는 「저기 황사 바람이」, 「혼자 먹는 밥」, 「기러기」 등이 있다.

어둑해져서야 비로소 아늑해지네 눈 위로 발자국을 찍으며 걸어간 새들의 안부가 궁금해지면 바람은 나뭇잎을 굴리고

가슴속에 허공을 새겨 넣고 몇 잔 술을 채우면 잘못 쓴 주소처럼 기억은 그리움만 재생해내고 철 지난 노래를 부르기도 하지

어둠이 형상을 이루고 인적 드문 오솔길도 스스로 저물면 그대여 그대는 사각사각 눈으로 내려 어두운 길을 덮고 나는 창가에 기대어 선다네

적막과 함께 마주 앉으면 새 한 마리 날려 보낸 나뭇가지에 걸터앉은 눈 소리만 내 창을 들여다보고

웅크리고 누워 나는 겨우 어두워지고

—「세한도」 전문

그리움도 쌓이면 이력(?)이 붙는 걸까. 「그리운 아무르강」이 감정노출이 직서된 시라면 「세한도」는 감정을 극도로 정제하여 쓴 작품이라 하겠다. 낮에는 붕붕거리던 그리움이 "어둑해져서야 비로소 아늑해"진다는 것으로 시작하고 있는 이 시는 비교적 그리움의 정서를 은유적으로 잘 형상화시킨 작품이다. 여기에 나오는 눈 내리는 추운 겨울은 단순한 풍경이라기보다는 시인의 심리적 풍경이 중첩된 것이라 볼 수 있다. 그의 그리움은 일 년 내내 겨울일 것이다. 시린 그리움을 표현하기에 겨울은 아주 적합한 계절이 아니던가. 이 시에서 화자는 아무 말도 하지 않는다. 그저 보여주고 있다. 절제된 그의 내면은 이렇게 드러나고 있다. 그대는 "…사각사각 눈으로 내"리고, 나는 "어두운 길을 덮고 나는 창가에 기대어 선"다. 그리고 "적막과 함께 마주 앉은" 나를 "눈 소리만 내 창을 들여다보고" 있고, 또 나는 "웅크리고 누워 나는 겨우 어두워지고". 한 폭의 풍경을 다만 제시함으로써 절제된 감정의 여백을 보여 주고 있다. 그리움으로 한층 깊어진 시인의 시심이 돋보이는 작품이다.

한편 「내 잠이 서늘하다」, 「빈집」에서는 아이들에 대한 그리움을 주로 다루고 있다. 「내 잠이 서늘하다」에서는 "오늘밤에는 꿈이라도 꿨으면 좋겠습니다/…/…아이들이 와글와글 떠드는 꿈이라도 좋겠습니다. 혼자 자는 잠은 늘 서늘해서…"로 이어지는 시인의 정서는 아이들의 빈자리를 그리워하는 아버지의 마음이 잘 나타나 보이는 작품이다. 현실에서 볼 수 없는 아이들을 꿈에서라도 나타나기를 바라고 드는 잠, 그래서 그의 잠은 외롭고 서늘하다.

어머니의 직장은 가락시장이었다
동강도 비켜 흐르던 강원도
막다른 촌에서 농사만 짓던 어머니는
집안 다 들어먹고 돌아가신 아버지 덕분에
양파를 까며 우리를 길렀다
농사일보다는 무지 편하다고
첫 차를 탔고 막차로 돌아오셨다
지하 단칸방에 짙게 고이던 양파 냄새가 싫어서
나는 양파가 들어간 음식은 먹지 않았다
이제 그 어머니 무릎 관절이 다 닳아서
절름절름 걸으신다
아직도 어머니는 양파 까는 것만큼은 당신이 최고란다
진정한 고수는 흔적을 남기는 법이 없다지만
어머니 뒷모습에서는 매운 양파 냄새가 난다

지워도 지워지지 않는 흔적은 있게 마련이다

—「흔적」 전문

한로 지나고 상강 무렵 당신 계신 곳에 찾아왔습니다. 당신 아직 푸른 옷을 버리지 못하셨군요 아픈 기억이 그만큼 질기다는 뜻인가요 내가 당신을 그리워하며 살아왔듯 당신 지나온 길을 품고 계셨군요 당신 걸어온 길을 되짚어 걷다가 만난 풍경들은 너무도 낯설어서 한동안 길을 잃고 헤맸지요

사는 것도 때론 싱겁기도 하지요 봄에 피는 풀꽃들은 작년의 그 꽃이 아니고 어제 길을 가르쳐 주던 나무가 오늘은 나를 외면하듯 기억만 놓아 준다면 세상 그렇게 어려울 것도 없습니다.

당신 이제 돌아가십시오 아직도 당신의 기억이 머물기에는 지상에서의 하루가 참 버겁습니다. 아버지

—「마른 나뭇가지에 꽃이 피었습니다」 전문

세월이 아무리 변한다 해도, 문명이 아무리 발전한다 해도 천륜은 변하지 않는다. 간혹 천륜을 배반하는 패륜아가 기삿거리가 되어 사람들을 놀라게 할 때도 있지만 설명하지 않아도, 교육을 받지 않아도 부모와 자식 간에 흐르는 끈끈한 피는, 흔한 말로 물보다 뜨거운 것이다. 부모를 바라보는 자식들의 시선은 세월과 함께 변하게 마련이다. 한 해 두 해 나이를 먹어감에 따라, 결혼을 하고, 자식을 낳고 생활을 하면서, 부모는 눈으로 보게 되는 것이 아니라 가슴으로 보게 된다.

위의 시, 「흔적」에는 어머니의 고단했던 생애와 가난이 차곡

차곡 누적되어 있다. 어머니의 고단한 삶이 이 한 문장에 다 요약되어 있다. 일찍 돌아가신 아버지 때문에 도시 빈민이 되어 노동의 현장에 뛰어들 수밖에 없었던 어머니, "어머니 뒷모습에서는 매운 양파 냄새가 난다"는 김정학의 가슴에는 나이 든 어머니의 노동이 양파 냄새보다 더 매운 흔적이 되어 가슴에 남아 있다. 어머니의 삶을 눈물겹게 바라보는 김정학의 가슴이 양파껍질이 되어 어머니의 뒷모습을 고스란히 껴안고 마는 것이다. 「따뜻한 밥」, 「잠」 등도 어머니와 가난에 대한 기억을 불러일으키는 배고픈 시이다.

김정학의 시를 읽다보면 한 가계가 고스란히 다 드러난다. 어머니의 고단한 생이 위의 시, 「마른 나뭇가지에 꽃이 피었습니다」와 연결이 된다. 아버지의 죽음, 아버지의 부재로 인한 그리움은 아버지의 무덤 앞에서 이어진다. "당신 걸어온 길을 되짚어 걷다가 만난 풍경들은 너무도 낯설어서 한동안 길을 잃고 헤맸"다고 정신적인 푯대의 상실을 그리고 있다. 미리 가신 아버지에 대한 원망과 그리움이 중첩되어 무덤 앞에서 가슴 아픈 심경을 토로하고 있다. 아버지는 가셨지만 김정학은 가슴으로는 아버지를 보내지 못하고 있다. 무덤 앞에 와서는 무덤 속에 있는 아버지를 불러내었다가, "당신 이제 돌아가십시오 아직도 당신의 기억이 머물기에는 지상에서의 하루가 참 버겁습니다."라고 다시 아버지를 떠나보내고 있다. 참으로 살아가기에 힘든 세상이기에 다시 아버지를 놓아드린다. 아버지 없는 현실, 어버지 없이 꿋꿋하게 살아가야 할 것임을 아들의 꿋꿋한 의지를 애써 보이고 있는 것이다. 아버지의 편안한 잠을 위하여…, 이외에도 아버지에 대한 그리움으로 쓴 시로, 제목에서도 시사하는 「金笠 2007」과, 「나는 목련의 색을 기억하지 못 한다」가 있다. 이외에도 「둥근 유적」은 할머니와 할아버지에 대한, 기억하고 싶지 않은 기억까지 애써 불러내어 쓴 작품이다.

2. 현실 사회 문제로 확장된 그리움

김정학은 가족에 대한 그리움 외에도 현실 사회에 대한 문제의식 등으로도 그리움의 시선을 옮기고 있다. 그릇된 현실을 바라보는 그의 시선에는, 현실은 그렇지 못하지만 그렇게 되기를 바라는 이상적인 사회에 대한 인식과 동경憧憬의 정서가 깔려 있다. 그래서 이 부분도 크게 보았을 때 그리움의 확장이라고 할 수 있다. 김정학의 작품을 살펴보면 시의성時宜性있는 제재를 문제 삼은 작품들이 꽤 많은 분량을 차지하고 있음을 볼 수 있다. 이런 류의 작품들은 크게 두 가지로 구분이 된다. 하나는 시니컬한 시선으로 바라보는 작품들이고, 또 하나는 정서적인 형식으로 담담하게 쓴 작품들로 나눠진다. 다음 작품, 「효녀 심청에게」를 살펴보자.

그때 우리는 조또 씨바와 함께 놀았지요
하늘에는 별이 없구요 아빠가 읽던 하이틴 문고판 세계

명작은 낡았었거든요 학교에서는 열씨미 사는 법을 가르쳐 주지 않았어요 우리는 스스로 씨바와 조또를 배워야 했어요 아이가 아이를 낳고 엄마는 또 다른 동생을 몰래 버리고 왔지요

예쁜 옷과 날씬한 몸만이 우리를 구원해주었어요 공양미 삼백석은 우리에겐 필요한 물건이 아니었죠 아빠들은 눈이 없었고 우리도 그런 전설을 믿을 나이는 지나있었죠 아이가 아이를 낳고 그 아이가 또 아이를 낳아도 전혀 새삼스럽지도 않았어요 엄마는 또 다른 엄마의 아이를 잉태하고 우린 그 아이의 미래 따위는 궁금하지 않았어요

아 씨바 조또 왜 하늘에는 별이 없는 걸까요? 아빠가 아직 세상을 보고 있을 때는 하늘에는 별이 많아서 길을 비춰주기도 하고 노래를 불러주었다고 했거든요 별 이야기는 사람들의 가슴을 키워주었다고 해요 엄마의 아이들이 사는 세상에 엄마는 무슨 이야기를 들려줄까요?

우리를 키워주는 것은 이제 다락방이 아니에요 아빠

—「효녀 심청에게」 전문

김정학의 시편들에서 즐겨 사용하는 자전적 화자가 이 시, 「효녀 심청에게」에 와서는 시적 화자의 옷을 입는다. 시사성이 짙은 주제나 희화화한 주제를 전달할 때 자전적인 화자보

다는 시적화자의 선택이 훨씬 편하고 유리하다. 평범한 화자일 때 말하기 힘든 문제가 평범 이상이거나 이하인 화자가 도입되었을 때는 말하기가 훨씬 적절하거나 과감해진다. 위의 시에서 '조또', '씨바' 라는 비속어를 과감하게 사용함으로써 기존 사회질서와 상징에 대한 강한 부정의 의미를 드러내고 있다. '별', '아빠', '세계명작', '학교', '엄마' 등의 사전적 의미가 사라진 세기말적인 징후들, 이 상징들은 더 이상 기리고 배우고 따라야 할 덕목이 아니라는 것, 믿고 따라야 할 주체를 상실한 미성숙된 세기말의 고아들이 뱉을 수 있는 말은 '조또', '씨바' 와 같이 냉소로 가득찬 욕설들뿐이다. 출구 없는 현실에 대한 각성을 숙제처럼 던져주는 문제작이라 할 만한 작품이다. 이 작품에서 시의 화자가 점잖은 어투를 사용했더라면 어색하기 짝이 없었을 것이다. 적절한 어투와 시적 화자의 올바른 선택이 이 시를 훨씬 박진감 있게 만들고 시의성時宜性이 살아나게 만들고 있다. 「세조에게」도 시니컬한 어투를 사용하여 작품의 묘미를 한층 끌어 올리고 있다.

봉천동 산 53번지
밤새 쿨럭이던 환약들이 쏟아진다
밤늦은 귀가를 지켜보던
마을버스노선도 위엔 청테이프 붙여지고
붉은 녹물 껴입은 함석문이며
푸르거나 붉었던 지붕들이 빛바랜 몸을 내려놓는다

남자는 가로등에 기대어
기간이 훌쩍 지난 철거통지서를 읽고 있다
몇 번을 읽고 또 읽었을 다음의 행선지, 아득하다
자주 미끄러지던 길 위로 눈이 쌓인다
잠시 잘못 든 길이라 목울대를 울리던 언덕길
저 길을 따라 울었거나 웃었던 날들이
남자의 등을 굽게 만들고
지하방에 고이던 벌레 소리를 펴 올렸을 것이다
막다른 골목길에도 눈이 덮이고 있다
아직 떠나지 않은 집 창으로 기어이
어둠이 몰려든다
습관처럼 마을버스는 정류장을 흘깃거리다
다음 정류장으로 떠났다
남자의 흰 머리카락이 눈 속으로 스며들고
굽은 등이 부표처럼 잠시 출렁였다

—「가벼워지는 집」 전문

그런가하면 위 작품은 도시 빈민이 외곽에서 또 다른 외곽으로 밀려나야만 하는 현실을 관찰자의 시점으로 담담하게 그리고 있다. 철거통지서를 읽고 또 읽지만 다음 행선지는 아득할 뿐인 도시의 난민들, '막다른 골목길', '지하방', '다음 정류장'으로 이어지는 막장에 몰린 삶이 시적 화자의 '눈 속으로 스며들'어서 마침내 '굽은 등이 부표처럼 출렁'인다. 이는 이들에 대한 눈물어린 시선의 출렁거림이다. 이러한 시선은 이들에 대한 연민과 그리움의 시선이 없으면 포착해내지 못하는 것으로 김정학의 따스한 시선이 담아낸 시다. 이런 류의 시들로는, 「동막리 그 사내」, 「눈도 꿈쩍 안 합니다」, 「분홍브라에 대한 추억」 등이 있다.

3. 내부로 향하는 그리움의 족적

아내와 자식, 부모, 그리고 사회적으로 넓혔던 그리움의 파장을 이제는 김정학 자신에게로 거둬들이고 있다. 먼 길 에돌아 도착한 최종 목적지는 자신의 내부에 있음을 김정학은 감지하고 있었을 것이다. 밖으로 향했던 무수한 그리움의 시선들을 안으로 향하여 비추고 있다. 자신의 내부가 황폐해지지 말라고… 그러나 자신의 내부로 향하는 그의 시선은 차갑고 냉혹하다.

> 내가 걸어온 지상의 풍경들이
> 오래된 상형문자들처럼 음각되어있다
> 조바심과 안타까움으로 기억되던 젊은 시간들과
> 무시로 어긋나던 세상,
> 그곳에 던지던 객기의 돌팔매들, 그 파문들이 이렇게
> 환하게 박혀 있다니
> 誤讀이 때론 새로운 길을 만든다는 말들이
> 소용돌이치는 지점에 이르러서 문득 나는

현기증을 일으켰는데
오히려 나를 쳐다보는 저 환한 흔적들

헛되게 에돌아 온 그간의 생이 적나라하다
지상에서 가장 가까운 곳에
은밀히 숨겨둔 과거를 들여다보노라면
보관寶冠을 머리에 얹은 듯
가끔은 정수리께가 서늘해지기도 하는 거였다

—「발」 전문

이 시의 크나큰 실수는"내가 걸어온 지상의 풍경들이 '어디에 음각되어 있는지 드러나지 않는다는 점이다. 김정학은 '그 파문들이 이렇게/환하게 박혀 있다니' 라고 말하고 있지만 그 파문들이 도대체 '어디에' 환하게 박혀있는 지가 드러나지 않는다. 말하려고 하는 주제가 앞서다보니 시의 구조와 형태를 제대로 살피지 못한 작품이라 하겠다. 짐작컨대 그 어느 곳에 새겨진 발자국 문양을 통해서 자신이 걸어온 과거를 돌아보고 현재 자신의 거취를 직시하고 있는 시이다.

수박 겉을 핥는다고 하길래
수박은 잘라서 속을 파먹는 것
잘게 썰어 화채를 만들어 먹는 것
식구들끼리 오순도순
찰지게 모여 앉아 하늘의 별 이야기나

오래전 대처로 떠난 삼촌의 안부가 궁금한
할아버지의 긴 한숨 뭐 그런 것
그런데 겉을 핥는다니
뭐 그런 사람이 있기는 하나보다
생각하다가
아뿔싸
돌아보니 내 모든 것이 그랬다
알맹이는 없고
겉만 두루뭉실 핥는
도대체 모르는 것도 없고 아는 것도 없는
듣기 좋은 말 한두 마디면
덤벙덤벙 쫓아가다가 어디에선가 잃은 길들
그러다가도 누군가의 서운한 한마디에
발끈하여 밤잠만 설치며
나이만 슬금슬금 먹어치운

수박 너를 보면 나는 내 속이
문득 궁금해진다.

—「수박」 전문

그런가 하면 다음 시, 「수박」은 '수박 겉핥기' 란 상투성의 화살을 자신의 내부로 돌리고 반성적 태도를 취하고 있다. "덤벙덤벙 쫓아가다가 어디에선가 잃은 길들/그러다가도 누군가의 서운한 한마디에/발끈하여 밤잠만 설치"는 자신의 '속' 을 엿보고 있다. 「불닭」에서도 "물러 터져 뭣 하나 제대로 하는 게 없" 다는 것도 그와 같은 자신의 내부로 향한 차가운 반성의 시선이 묻어난다. 이외에도 자신의 입지를 돌아보고 정체성을 확인하는 시편들로는 「귀가」, 「3분 동안」, 「길을 지우다」, 「길 위의 잠」 등이 있다.

4. 존재의 그리움에 대한 천착

그의 그리움의 파장은 현실에서 미래(죽음)을 경계를 넘보는 데까지 뻗어있다. 다음 시는 문상을 가서 없는 친구를 그리워하는 것에서 모티브를 얻고 있다.

> 친구를 만나기 위해서는 꽃 대문을 열고 들어가야 한다
>
> 잠시 침묵하는 사이 이승과 저승의 경계가 환해졌다
>
> 잊었던 약속이 불쑥 떠올랐거나 미루어 두었던 일들이 가슴을 눌러 올 때
> 외진 길에서 부득불 그동안의 인연을 외면해야 할 때처럼
> 저 경계는 난감하게도 몇 줄의 메시지로 내 곁을 서성이고 있었던 것이다

돌아간다는 것도 알고 보면 화투장의 뒷패와 같은 것이라서
새로운 것으로 가장하고 있지만 진부하리만큼 익숙하였다

누군가의 죽음을 밑천으로
꽃 대문들 환하게 불을 밝히듯
식은 육개장 국물에 쓴 소주를 마시는 우리의 삶도
서로 곁눈질을 하면서 순서를 바꾼다는 생각이 들면
경계璟界는 비로소 희미해지고

―「삶은 식은 육개장 국물을 안주 삼아 마시는 소주다」 전문

없는 친구를 그리워하기에도 이른 시간에 친구(현실)를 잃은 슬픔 대신 그는 죽음에 대해 "이승과 저승의 경계가 환해" 지는 것을 꽃 화환을 매개삼아 이야기하고 있다. 죽음이란, "돌아간다는 것도 알고 보면 화투장의 뒷패와 같은 것" 으로 삶과 죽음의 양면성을 직시한다. 죽음은 삶 다음에 오는 시간적이나, 공간적인 영역이 아니라, 내일 일을 우리가 모르는 것처럼, 죽음은 늘상 우리 곁에서 서성이고 있는, 삶과 같은 연장선 위에 있다는 것을 감지하고 있다. 삶과 죽음에 대한 경계에서 바라보는 그의 그리움은 이렇게 죽음도 훌쩍 뛰어 넘는 존재론적 인식에 닿는다. 「피안」도 도살장으로 끌려가는 암소를 통해 존재의 이유를 되묻는 시에 속한다.

지금까지 김정학의 시편들을 두루 살펴보았다. 김정학은 가

족으로부터 자신, 사회, 존재의 문제에 이르기까지 그리움의 시선을 넓게 고루 펼쳐두고 있다. 그런데 그 그리움의 시선은 시각적인 데 머무는 것이 아니라 가슴으로 확장하는 데 있다. 그래서 그가 그리는 그리움의 파장은 그 넓이와 깊이가 크다. 그의 시편들은 지극히 현실적이지만 그의 그리움은 그다지 현실적이지를 않다. 그것은 그의 꿈은 현실에 있지 않기 때문에 다분히 낭만적 요소와 동경憧憬을 함께 거느리는 것이다. 그래서 그의 그리움은 지치지를 않는다. 미래로 시선을 멀리 던져두기 때문이다. 그 그리움은 현실에서 이루어지지 않기 때문에 종종 꿈으로 가서 닿기도 하고, 때로는 사회로, 때로는 자신의 내부로 굴절되거나 확산되어 나타난다. 그래서 그가 그리는 그리움의 파장은 스펙터클하다.

그러나 그의 시를 읽다보면 형태와 구조적인 면에 미숙한 요소가 자주 보인다. 한 편의 시에는 그 시에 알맞은 딱 하나의 형식만이 존재한다고 한다. 한편의 아름다운 시는 그렇게 만들어 지는 것이다. 그래서 잘 쓴 시는 하나의 건축물과 같아야 한다. 외양과 실용이 잘 겸비되어야 좋은 건물이라 할 수 있다. 쓸 주제가 생각났다고 다급하게 시를 완성시키려 덤벼들지 말고 시가 무르익기를 기다릴 줄 알아야 한다. 어떤 그릇에 담아야 내용물이 빛이 날까를 생각해야 한다. 그리고 감정을 절제하여 말을 숨기는 연습을 할 것을 당부하고 싶다. 시란 감정의 토로가 아니다. 시어와 행간 사이와 그 이면의 의미를 생각할 수 있도록 말을 정제시키고 함축성 있는 시어의 조탁이 필요할 것이다. 이번 시집을 발판으로 다음 시집에서는 내

면과 존재의 문제에 천착하여 더욱 깊이 있는 시집을 준비할 것을 기대한다.

문학의전당 시인선 40
그리운 아무르강

초판인쇄 2007년 12월 20일
초판발행 2007년 12월 25일

지 은 이 김정학
펴 낸 이 김충규
펴 낸 곳 문학의전당
출판등록 제387-2003-00048호(2003년 9월 8일)

주 소 152-841 서울특별시 구로구 구로 6동 97-1 로얄프라자 206호
전화번호 02-852-1977
팩시밀리 02-852-1978
블 로 그 http://blog.naver.com/mhjd2003
전자우편 mhjd2003@naver.com

ISBN 978-89-91006-77-5 03810

* 이 책은 경기문화재단의 창작기금을 받았습니다.